主编 钟瑞添　审订 熊琴　执笔 林玉椿

我班有个理论家

★小学高年级版★

广西教育出版社
南宁

图书在版编目（CIP）数据

我班有个理论家：小学高年级版 / 钟瑞添主编. -- 南宁：广西教育出版社，2021.4（2024.12 重印）
ISBN 978-7-5435-8848-6

Ⅰ. ①我… Ⅱ. ①钟… Ⅲ. ①德育－小学－课外读物 Ⅳ. ① G621

中国版本图书馆 CIP 数据核字 (2020) 第 223026 号

总 策 划：曹光哲
执行策划：石立民　吴春霞
项目统筹：张星华
责任编辑：张星华　周栩宇
责任校对：谢桂清
封面设计：李浩丽
版式设计：杨　阳
责任技编：蒋　媛
插图绘制：可宸文化

出版人：石立民
出版发行：广西教育出版社
地 址：广西南宁市鲤湾路 8 号 邮政编码：530022
电 话：0771-5865797
本社网址：http://www.gxeph.com
电子信箱：gxeph @ vip.163.com
印 刷：广西民族印刷包装集团有限公司
开 本：787mm × 1092mm 1/16
印 张：6
字 数：51 千字
版 次：2021 年 4 月第 1 版
印 次：2024 年 12 月第 6 次印刷
书 号：ISBN 978-7-5435-8848-6
定 价：21.00 元

人物介绍

马铮铮

绰号“小马列”，爱阅读，勤思考，常常待在爷爷的书房里翻阅图书，特别喜欢听爷爷讲解理论知识。不过，“小马列”并不是“书呆子”哦，他还爱劳动，爱运动呢！

马建国

绰号“老马列”，是“小马列”的爷爷，党校的退休教授，研究马克思列宁主义的专家，经常给“小马列”讲述理论、历史等相关的小故事。

周子安

“小马列”的邻居兼同学，性格活泼开朗，受到妈妈的影响，很爱美，也很善于发现生活里的美。

李天泽

“小马列”的同学，班长，学习非常用功，喜欢和马铮铮一起讨论各种问题，能和同学们打成一片。

刘老师

“小马列”的班主任，善于引导同学们思考问题，常常带着大家开展丰富多彩的课外活动，受到大家的喜爱。

目录

一 爷爷的书房里有个“大世界”

今天是星期六，马铮铮一大早就来到爷爷的书房，缠着爷爷讲故事。

爷爷正坐在书桌前，捧着一本厚厚的书津津有味地读着。看到马铮铮进来，爷爷将书轻轻合上，微笑着朝马铮铮招了招手。

马铮铮飞快地跑到爷爷跟前，好奇地瞅了一眼爷爷手中的书，兴奋地说：“爷爷，我还记得您告诉过我，《资本论》是马克思写的。”

爷爷点了点头，惊喜地说：“你还记得呀？”

马铮铮见爷爷笑容可掬，有些得意地回答：“我每次经过学校的文化长廊，看到马克思和恩格斯的画像，就想起您给我讲过他们的故事。”

爷爷高兴地搂了搂马铮铮。

“爷爷，《资本论》是专门讲钱的吗？”马铮铮用充满疑问的眼神地看着爷爷。

爷爷拉着马铮铮一起坐到沙发上，慢条斯理地说：“铮铮，《资本论》可不单单是讲钱的呀，这是一本大有学问的书，是马克思在100多年前写的经典著作！”

“爷爷，马克思在100多年前写的书，为什么您今天还要看它，您不觉得它过时了吗？”马铮铮问。

爷爷抚摸着马铮铮的头说：“孩子，真理是永远不会过时的，况且它一直都在创新和发展呢！”爷爷扶了扶老花眼镜，指着书柜上“马克思主义经典著作”的标签说：“你看看那儿的书！”

马铮铮睁大眼睛，只见书柜里整整齐齐地摆放着《马克思恩格斯选集》《列宁全集》《毛泽东选集》《邓小平文选》《江泽民文选》《胡锦涛文选》《习近平谈治国理政》……

“这些都是讲马克思主义理论的吗？”马铮铮问。

爷爷点了点头，说：“没错，马克思主义最先是由德国人马克思和他的好朋友恩格斯创立的。后来，在当时的俄国，有位伟人名叫列宁，他继承了马克思主义，并且结合俄国革命的具体实际，形成了列宁主义。人们将他们的理论结合起来，称为马克思列宁主义，简称为马列主义。”

“爷爷，我知道，列宁领导俄国人民进行了伟大的十月革命，取得了胜利，建立了世界上第一个社会主义国家。”马铮铮知道这段历史，所以急忙抢着回答。

“嗯，看来铮铮还知道挺多历史知识哟！”爷爷夸奖道。

“那当然，我喜欢读历史故事，中国的、外国的，我都喜欢读。”马铮铮自信地说道。但他马上想到了另一个问题，就接着问：“马克思主义学说到中国以后，发生了什么样的变化呀？”

爷爷拿起茶杯，喝了一口茶，回答说：“在我们中国，中国共产党人在近一百年的岁月里，把马克思主义与中国的实际情况相结合，先后形成了毛泽东思想、邓小平理论、‘三个代表’重要思想、科学发展观、习近平新时代中国特色社会主义思想，这些都是马克思主义中国化的成果。今天，中国特色社会主义进入新时代，而习近平新时代中国特色社会主义思想是马克思主义中国化的最新成果。”

“爷爷，新时代是什么样的时代呀？”马铮铮的眼睛里写满了问号。

爷爷沉思了好一会儿，回答说：“经过长期的奋斗和努力，我们党带领人民创造了一个又一个的‘中国奇迹’，国家经济社会发展取得了巨大的成就。以前，许多人过着吃不饱、穿不暖的生活，但是现在，不少人已经过上了幸福的小康生活。人们不仅要吃好，还要吃得讲究、吃得健康。人们期待有更好的教育、更稳定的工作、更满意的收入、更舒适的房子、更健康的身体，能够住在更优美的环境里，享受更丰富的文化生活。可现实中，我们的发展水平仍然不够高，还不能够很好地满足人们的这些需要。中国特色社会主义进入新时代，意味着我们国家站在新的历史起点上，朝着建成富强民主文明和谐美丽的社会主义现代化强国，实现中华民族伟大复兴中国梦的目标大步前进。中国特色社会主义进入新时代，也意味着我们老百姓的日子会越过越好，会更加幸福快乐！”

尽管爷爷想尽量讲得通俗易懂些，但对于马铮铮来说，这些内容仍然比较深奥，他思考了许久，才明白了大概意思。他的好奇心更加重了：“爷爷，您快告诉我，习近平新时代中国特色社会主义思想到底包括哪些内容？”

爷爷没有马上回答，他觉得要解释好“习近平新时代中国特色社会主义思想”，并不是那么简单的事，因为它涵盖的内容那么丰富，怎么可能一下子解释得清楚呢？

“呃，你没听到你妈妈的呼唤吗？我们应该去吃早餐啦！”爷爷说完，赶紧起身，大步走出书房。

马铮铮愣了一下，只好跟着爷爷走向餐厅。

爷爷一边走，一边想：习近平新时代中国特色社会主义思想是马克思主义中国化的最新成果，它与我们的政党、人民、国家、社会息息相关，与我们的生活息息相关，与少年儿童的健康快乐成长息息相关。这些思想理论放到现实生活中，都是看得见、摸得着的。孩子，以后你会慢慢感受到的。

链接

习近平爷爷在《从政杂谈》一文中，讲起马克思在1852年给恩格斯写的一封信，信中写道："一个星期以来，我已达到非常痛苦的地步，因为外衣进了当铺，我不能再出门；因为不让赊账，我不能再吃肉。"即使这样，马克思也没有屈服，没有停止工作。不畏艰难困苦，只为主义真。这就是无产阶级革命家的气节。

习近平爷爷在纪念马克思诞辰200周年大会上指出，马克思给我们留下的最有价值、最具影响力的精神财富，就是以他名字命名的科学理论：马克思主义。

二 少年儿童是希望

马铮铮从爷爷那儿知道，习近平爷爷对少年儿童提出了很多期望。为此，他缠着爷爷给他讲这些内容，并且查阅了很多资料，收集到不少习近平爷爷在不同场合对孩子们讲的话呢！

马铮铮觉得自己的理论水平又提升了，更加自信了——这不，走路时都是昂首挺胸的！

这时，两个男同学追逐着冲进教室，其中一个同学的红领巾掉到了地上。马铮铮弯腰把红领巾捡起来，递给了他。

“谢啦，‘小马列’！”同学笑嘻嘻地说。

马铮铮认真说道：“要爱护好红领巾呀！老师说了，红领巾是国旗的一角。我们每个少先队员不仅要佩戴红领巾，还要用自己的行为捍卫红领巾的荣誉，不断为红领巾增光添彩，为祖国增光添彩。”

同学不以为然地说：“‘小马列’，我们也就是小学生，能为国家做什么呀？为祖国增光添彩，那是大人的事吧？”

马铮铮答道：“那你就错了！习近平爷爷说了，少年儿童是我们伟大祖国的希望、我们伟大民族的希望。他还叮嘱同学们要好好学习、天天向上，让今天播下的种子在将来有一个丰硕的收获。”

这一幕正好被班主任刘老师看到了，这位年轻的语文老师特别欣赏爱学理论、爱思考的马铮铮。她听了马铮铮刚才的话，就好奇地问：“马铮铮同学，你刚才说的那些话都是从哪儿学到的呀？”

马铮铮自豪地说:“刘老师，我都是从我爷爷那儿学到的。我爷爷是党校的教授，专门研究马克思主义的！”

“那你爷爷一定对你讲了很多习近平新时代中国特色社会主义思想的内容吧？”刘老师问。

马铮铮点了点头，又摇了摇头：“他给我讲了很多，可我只学到了皮毛，因为习近平新时代中国特色社会主义思想涵盖的内容很多呀！不过，习近平爷爷对少年儿童的许多寄语，我都很用心地记住了，还有一本本子呢。”

刘老师扶着马铮铮的肩膀说："老师想让你当一回小宣讲师，用一节课专门给同学们讲一讲习爷爷对少年儿童的期望，可以吗？"

马铮铮高兴地说："当然可以！"马铮铮对于分享自己学到的理论知识，是十分乐意的。

当马铮铮充满自信地站在讲台上，准备向同学们讲述习爷爷对少年儿童的寄语时，坐在座位上的同学们一愣一愣的——他们没想到"小马列"竟然当上小宣讲师了。

马铮铮声情并茂地说："同学们，习近平爷爷一直十分关心我们少年儿童的健康成长，曾多次在不同场合亲切勉励全国各族少年儿童，表达了对少年儿童的关怀和希望。

"习爷爷在参加首都义务植树活动时说，身体是人生一切奋斗成功的本钱，少年儿童要注意加强体育锻炼，家庭、学校、社会都要为少年儿童增强体魄创造条件，让他们像小树那样健康成长，长大后成为建设祖国的栋梁之材。

"习爷爷在北京市海淀区民族小学主持召开座谈会时说，'不要嫌父母说得多，不要嫌老师管得严，不要嫌同学们管得宽，首先要想想说得管得对不对、是不是为自己好，对了就要听。有些事没有做好，这不要紧，只要自己意识到、愿意改就是进步。自己没有意识到，父母、老师、同学指出来了，使自己意识到、愿意改也是进步。良药苦口利于病，忠言逆耳利于行。我们要养成严格要求自己、虚心接受批评帮助的习惯'。

"习爷爷在会见中国少年先锋队第七次全国代表大会代表时说，'要从小学习做人。世界上最难的事情，就是怎样做人、怎样做一个好人。要做一个好人，就要有品德、有知识、有责任，要坚持品德为先。你们现在都是小树苗，品德的养成需要丰富的营养、肥沃的土壤，这样才能茁壮成长。现在把自己的品德培育得越好，将来人就能做得越好。要学会做人的准则，就要学习和传承中华民族传统美德，学习和弘扬社会主义新风尚，热爱生活，懂得感恩，与人为善，明礼诚信，争当学习和实践社会主义核心价值观的小模范’。”

……

马铮铮讲完一段又一段习爷爷对少年儿童的寄语后，教室里响起一阵阵热烈的掌声。

听了马铮铮的宣讲，同学们才知道，原来习爷爷对少年儿童提了这么多的希望呢！大家心里感到很温暖，又备受鼓舞。

刘老师动情地说："少年儿童是祖国的未来、民族的希望。习爷爷亲切关怀少年儿童的健康成长，从学习、生活、品德、志向、做人等各个方面提出了期望，这为同学们的人生指明了方向，树立了信心。同学们，大家一定要牢牢记住习爷爷的嘱托，好好学习，热爱生活，树立理想，健康成长，今天做祖国的好儿童，明天做祖国的建设者。"

三　共同学习社会主义核心价值观

今天是星期一，同学们都来得很早，到操场上排起整齐的队伍。大家穿着干净整洁的校服，鲜艳的红领巾在胸前迎风飘扬。

升旗仪式开始了。随着嘹亮的鼓号声响起，4 名少先队员迈着矫健的步伐，护送国旗走到升旗台。校长发出洪亮的声音：“全体肃立！升旗！敬礼！”同学们唰地一下，站得笔直，行起少先队队礼。

雄壮有力的国歌——《义勇军进行曲》响起来了。伴随着庄严的国歌，升旗手慢慢地拉动绳索，鲜艳的五星红旗缓缓升起。同学们神情庄重，目光坚定地凝视着国旗。

升旗仪式结束后，还有一个集体背诵 24 字社会主义核心价值观基本内容的环节。上台做示范的是班长李天泽。

李天泽充满了自豪感，他大步走上台，站到台中央，大声说：“请同学们跟着我做，右手握拳，贴在胸口。”台下的同学们都握起右拳，将拳头贴到胸口。

李天泽往台下环视一周，然后继续说：“下面，请同学们跟着我一起背诵社会主义核心价值观。”

“富强、民主、文明、和谐，自由、平等、公正、法治，爱国、敬业、诚信、友善！”同学们背起来朗朗上口。

回到教室后，大家依然沉浸在刚才集体背诵的激情中。几个同学围住马铮铮，在热烈地讨论着社会主义核心价值观。

“这 24 个字还真不太好记，以前我老把那几个词的顺序搞混！”一个同学说。

“哎，‘小马列’，你说说，为什么是这 24 个字，而不是其他的呢？”另一个同学问。

马铮铮之前学社会主义核心价值观的时候，可是专门请教了爷爷的，所以，这个问题难不倒他。

马铮铮回答说：“这 24 个字实际上是分为三个层面的，分别从国家、社会、个人三个层面概括社会主义核心价值观的价值目标、价值取向、价值准则。富强、民主、文明、和谐是国家层面的价值目标，自由、平等、公正、法治是社会层面的价值取向，爱国、敬业、诚信、友善是公民个人层面的价值准则。了解之后，我们就不会觉得难记了。”

“噢，原来24个字分为国家、社会、个人三个层面。这么一说，我们就容易理解多了！”听马铮铮这么一解释，大家恍然大悟。

李天泽在旁边听了马铮铮的解释，他由衷地佩服“小马列”对知识的深入思考。他虽然今天上台领着大家背诵，但对社会主义核心价值观的内容并没有太深的理解。

“刘老师经常告诉我们，要努力培育和践行社会主义核心价值观。‘小马列’,你说说,我们该怎么做呢？”一个同学问道。

马铮铮思考了一会儿，回答说:“富强、民主、文明、和谐，是社会主义现代化国家的建设目标；自由、平等、公正、法治，是对美好社会的生动表述。我们应该从小树立远大理想，为建成这样的国家和社会而努力奋斗。”

“那我们是不是首先要从个人层面来做好呢？”另一个同学问道。

“对极了！”马铮铮拍了拍手，说，“从个人层面首先要做到的是爱国。在社会主义核心价值观中，最深层、最根本、最永恒的是爱国主义。爱国，就要尊重和热爱我们的国旗、国徽、国歌，热爱我们祖国的大好河山，热爱我们博大精深的中华文化，热爱我们国家的各个民族，热爱我们国家伟大的人民……”

“那么敬业呢？”

“敬业，是一个人对自己所从事的工作负责的态度。现在我们都是学生，就必须以学业为重，认认真真学习，扎扎实实掌握文化知识。只有这样，长大后才能更好地为国家、为社会、为人民做出重要的贡献。”马铮铮很认真地回答说。

看到大家讨论得这么热闹，李天泽再也忍不住了，他走过来接着大家的话题说：“诚信我知道，就是要诚实守信，这是人类社会千百年传承下来的道德传统，它强调诚实劳动、信守承诺、诚恳待人。反正，我平时可不喜欢撒谎，也不喜欢吹牛！”

李天泽的话把大家都逗乐了。

马铮铮见李天泽也加入了讨论，兴致更高了：“友善嘛，就是要互相尊重、互相关心、互相帮助，和睦友好。我们全班同学都要这样对待彼此，是吧，班长？”

同学们瞧了瞧李天泽，又看了看马铮铮，点了点头，若有所思地回到座位上准备上课。

链接

2014年5月30日，习近平爷爷在北京市海淀区民族小学主持召开座谈会时谈道："我们倡导的富强、民主、文明、和谐，自由、平等、公正、法治，爱国、敬业、诚信、友善的社会主义核心价值观，体现了古圣先贤的思想，体现了仁人志士的夙愿，体现了革命先烈的理想，也寄托着各族人民对美好生活的向往。"

四　要比就比谁更有志气

早上，一辆红色的小汽车停到了学校门口，一个可爱的小女孩打开车门，提起书包，从车上走下来——她，就是班上的“时尚达人”周子安。

周子安妈妈是一家时尚杂志的主编，所以周子安受妈妈影响，从小就喜欢时尚的东西。

“安安，记得多喝水呀！妈妈在你的书包里放了一些零花钱，你自己掂量着用……”周子安的妈妈从车窗内探出头来，对周子安叮嘱道。

周子安点点头，有点不耐烦地说：“知道啦！妈妈，您怎么每次都这么啰唆呢？”

周子安的书包里又装了“新鲜玩意儿”。一下早读课，她就拿出一支口红，向附近的几个女同学招招手。

“你们看，这是我妈妈刚从外国买回来的口红，知名品牌的最新款。”周子安得意地说。

“哇，颜色好漂亮！壳子好精致！”几个女同学惊叹道。

周子安又从书包里掏出一本时尚杂志，指着封面说：“瞧，这支口红跟这个女明星用的是同一款。”

“周子安，你怎么会把你妈妈的口红拿来学校呢？”一个女同学轻声问道。

“我太喜欢啦，所以想拿来给你们瞧瞧。放学回家后，我会还给我妈妈的啦！”周子安轻描淡写地说。接着，她又翻开时尚杂志的内页，指着图片说：“看，这套连衣裙真漂亮，我好想拥有一套呀。还有这双鞋子，我也好喜欢呢。如果我妈妈肯帮我买就好了……”

“可是这些一看就知道很贵。”一个女同学说。

周子安叹了口气，说：“是呀，长大后我一定要赚很多钱，这样就可以买自己喜欢的衣服和化妆品了。”

这时，还有几个同学正围在马铮铮身边，听马铮铮讲周恩来总理的故事。

链接

周总理的生活非常朴素。有一次，周总理要出访非洲和亚洲。由于出访的国家多、时间长，而且气候多变，工作人员商量后，打算给周总理做三套中山装。周总理指定要用自己的工资付钱，而且要求不要做新的内衣，说内衣旧一点，穿在里面没关系。在收拾好的几件衬衣和两套睡衣中，有一套已经打了补丁。出访前，工作人员商定，在哪个国家访问，就把总理穿过的衬衣、睡衣请哪个大使馆的同志帮忙洗，因为这些衣服很破旧，不好意思交给外国人洗。埃及首都开罗，是周总理一行出国访问的第一站。当地天气很热，工作人员把总理换洗的衣服拿到大使馆，大使馆的同志见了都大吃一惊，谁也没想到，为全国人民操劳的周总理穿的竟是这样的旧衣服……

同学们听得入了迷。一个同学感叹说："为中国革命和建设做出重大贡献的周总理，生活竟然这么简朴呀！"

马铮铮点了点头，继续说道："那三套定做的中山装，后来更是成了周总理时常穿着的标志性服装。时间久了，三套衣服有的掉色，有的磨损。特别是一套法兰绒外衣，表面的一层绒都磨掉了。右边袖子的肘部甚至磨破了一个洞。工作人员请示总理做新的，他不同意，说补一补还可以穿，外宾也不会注意。就这样，服装师傅用同样面料的布修补衣服。为了对称，索性把左边袖子也挖了一个洞，补上一块。”

这边的周子安听到了马铮铮的话，很不服气地说：“‘小马列’，你老谈论那些过时的观念，我觉得没必要。”

马铮铮走过来，摇了摇头，说：“周子安同学，你这种认识就错误啦！勤俭节约是我们中华民族的传统美德，这种观念永远不会过时。唐代诗人李商隐有句名言，‘历览前贤国与家，成由勤俭破由奢’。大到一个国家，小到一个家庭，如果奢侈浪费、挥霍无度，就一定会垮掉。即使我们现在生活条件好了，可以吃好一点、穿好一点，但也不应该贪图享受、爱慕虚荣。尤其是我们小学生，所有的物质条件都是家里给的，我们只有努力学习，让自己有知识、有文化，将来用自己的双手创造美好生活，这才是真正值得自己骄傲的。”

周子安听了马铮铮的话，知道自己的观点站不住脚，所以不再作声了。

马铮铮看到同学们都在认真听自己讲话，接着说道："习爷爷在北京市海淀区民族小学主持召开座谈会时说过，听说有的同学喜欢比吃穿，比有没有车接车送，比爸爸妈妈是干什么工作的，这样就比偏了。一定不能比这些。'自古雄才多磨难，从来纨绔少伟男'，'少年辛苦终身事，莫向光阴惰寸功'。要比就比谁更有志气、谁更勤奋学习、谁更热爱劳动、谁更爱锻炼身体、谁更有爱心。"

"'小马列'，你说得对！我们应该听习爷爷的话，要比就比谁更有志气、谁更勤奋学习、谁更热爱劳动、谁更爱锻

炼身体、谁更有爱心！”几个同学纷纷鼓起掌来。

围在周子安身旁的几个女同学都回到了自己的座位上，周子安也默默拿出了课本。马铮铮的一席话打动了她们，让她们觉得确实不该去羡慕、追求那些与自己年纪不符的东西。

五 像海绵吸水一样学习知识

市里一座新的科技馆开馆了。在上一次语文测试中，同学们的成绩达到了刘老师的要求，因此刘老师兑现承诺，组织全班同学到新的科技馆参观。

同学们像放飞的小鸟，一路上叽叽喳喳的，快乐极了。在刘老师的带领下，大家来到科技馆，排着整齐的队伍，有序地进入馆内。

科技馆分成运动健康、科学生活、科学乐园、智能世界、虚拟世界、航天世界、职业体验等多个展区。

运动健康展区展示了许多新型的运动器材。同学们纷纷上前了解、体验各种运动器材的功能。

在科学生活展区，同学们认真学习人体健康的相关知识，了解怎样的饮食习惯、生活习惯对健康更有益。大家用了解到的知识来给自己“照镜子”，发现了自己平时很爱吃的一些东西原来是不健康的，还有一些行为习惯是会损害健康的。

在科学乐园展区，同学们仔细了解宇宙的奥妙，了解海洋的神奇，了解各种动物、植物的知识……

在智能世界展区，同学们争着体验时下新奇的科技产品，兴奋地感受着新技术给生活带来的便利与舒适。他们对新科技充满了好奇，不停地向讲解员提问。

虚拟世界展区也是同学们很喜欢的一个展区。同学们进入一个个虚拟的环境中，得到逼真的视觉、听觉和体感的体验。在这里，同学们化身为赛车手、飞行员、轮船里的舵手……还在虚拟的世界中面对灾难发生，迅速开展安全有效的“自救”。

航天世界展厅是一个深受男同学喜爱的展区。深蓝色的基调营造出太空的氛围，多个大型高仿真模型和发动机实物，让同学们仿佛身临其境。同学们先后进入“空间站”，体验失重的感觉。他们认真地学习前沿探月科技应用知识，对航天事业和太空探索充满了求知热情。

在职业体验展区，同学们纷纷扮演起自己喜欢的角色。

“我要做生物学家，专门研究生物学！”一个女同学拿起“实验仪器”，认真地做起“研究”来。

“我要做医生，专门医治病人！”另一个女同学穿上白大褂，有模有样地拿起“手术刀”，在人体模型上做起“手术”来。

“我要做航天员，穿上航天服真是太帅啦！我要到月球上去，我还要到火星上去！”一个男同学还沉浸在刚才参观航天世界展区的兴奋中。

“我想做科学家，将来发明更多的高科技产品，让我们的生活变得更加便利、更加神奇！”另一个男同学对智能世界展区的科技产品充满了兴趣。

“我要做警察，保卫群众的安全，维护社会的安宁！”一个男同学突然揪住班长李天泽。

李天泽挣脱开那个男同学的手，开玩笑地说：“你才是坏人呢！”

“天泽，你的理想是什么呢？”刘老师微笑着问。

这一问，可把李天泽问住了。李天泽是班长，也是“学霸”，一直以来，取得好成绩就是他的目标。但凡有利于提高学习成绩的知识，他都会主动去学习；但凡有利于提高学习成绩的练习题，他都会主动去做。他的课余时间被各种补习班填得满满的。可是，自己的理想是什么？他还从来没有认真思考过。

刘老师见李天泽红着脸、低着头，就转过身问马铮铮："马铮铮，你的理想是什么呢？"

马铮铮响亮地回答："报告老师，我想做一名大理论家！"

同学们听了马铮铮的话，都哈哈大笑起来。

刘老师用手示意大家安静下来，说："同学们，你们要从小树立自己的理想，除了学习课本的知识，还应该根据自己的理想多学习课外的知识，为将来的人生打下良好的基础。"

刘老师的话音刚落，马铮铮就接过话来："习爷爷说了，'想象力、创造力从哪里来？要从刻苦的学习中来。知识越学越多，知识越多越好，你们要像海绵吸水一样学习知识。既勤学书本知识，又多学课外知识，还要勤于思考，多想想，多问问，这样就能培养自己的创造精神'。"

"不愧是我们班的小理论家呀！把习爷爷的讲话精神领会得很到位！"刘老师向马铮铮竖起了大拇指，然后转身对大家说，"同学们，你们是学生，学生最重要的任务是学习。你们就应该按照习爷爷说的那样，要像海绵吸水一样学习知识。老师可等着看呢，看看哪位同学更像海绵！"

"我是海绵！"一个声音抢先回答说。

"我是更大的海绵！"另一个声音不甘落后。

"我是更大、更大的海绵！"又一个声音响了起来。

……

刘老师和同学们都乐了。

链接

2013年5月4日，习近平爷爷在中国航天科技集团公司中国空间技术研究院参加“实现中国梦、青春勇担当”主题团日活动的时候，用他年轻时候学习的亲身经历，激励青年练就过硬本领：“我到农村插队后，给自己定了一个座右铭，先从修身开始。一物不知，深以为耻，便求知若渴。上山放羊，我揣着书，把羊圈在山坡上，就开始看书。锄地到田头，开始休息一会儿时，我就拿出《新华字典》记一个字的多种含义，一点一滴积累。我并不觉得农村7年时光被荒废了，很多知识的基础是那时候打下来的。现在条件这么好，大家更要把学习、把自身的本领搞好。”

六 用新本领创造新生活

“同学们，你们知道哪些机器人呢？”王老师在课上向大家提问。

“变形金刚！”

“大白！”

“瓦力！”

“扫地机器人！”

……

同学们纷纷举手回答。

王老师顺着同学们的回答，深入地讲解机器人编程的原理和操作方法，给大家上了一堂科学性、趣味性、互动性十足的科学课，让大家感受到科技的神奇魅力。

“看，这个机器人名叫‘小正’。”老师把“小正”放在桌上。

“小正”往桌子边缘行走时，同学们的心都提到了嗓子眼儿。可是，“小正”到达桌子边缘后，就自动转弯了。

“为什么它不会掉下去？”同学们既惊讶又疑惑。

王老师向大家解释了传感器的原理：“‘小正’的下方有一个传感器，可以灵敏地测算到桌子边缘，当它感知到自己到了‘悬崖’边，就会及时转弯保护自己。如果我们再增加几个传感器，它就更安全了。”

王老师在课堂上用浅显易懂的语言讲解了机器人与人类的异同、编程的概念与分类、机器人技术的应用等多个知识点，并用生活中的例子来启发同学们思考。

王老师说：“同学们，今天这堂课的目的是让大家明白科学的重要性，让大家直观地感受现代科技的乐趣和魅力，拓宽科学视野，增强运用科学的能力。科学改变生活，科学创造未来。只有学习新本领，才能创造新生活。”

随后，王老师宣布了学校将举办科技创新大赛的通知，希望同学们踊跃参赛。大赛征集的作品有：儿童科幻画，就是与科技创新有关的绘画作品；创意发明类，就是让大家根据自己了解的科技知识，对生活和学习中使用的物件加以创新改进；动手制作类，就是结构简单、材料好找、加工容易、花钱少、能够独立完成的跟科技有关的小制作。

同学们听了王老师的介绍，个个热情高涨，跃跃欲试。

马铮铮暗下决心：我一定要拿出一件像样的科技作品，参加这次科技创新大赛。

为了保护环境，未来的汽车都要使用清洁能源，那我就制作一辆太阳能小车来参赛吧。马铮铮苦思冥想了两天，终于有了头绪。

他先准备了一个小马达，焊接好电线，然后用一块硬纸板，切割出漂亮的车型，再分别将两根吸管用胶水粘贴在硬纸板底部。接着，拿出两根轮子转动轴，分别从两根吸管穿过去，并将四个轮子分别安装到转动轴上。再在硬纸板的另一头涂胶水，粘上马达；在硬纸板的正面涂上胶水，粘贴太阳能板。最后，通过连接开关将马达连接到太阳能电池板上，并且将太阳能板固定好。

马铮铮将制作好的太阳能汽车的开关打开，放到太阳底下，过了一会儿，汽车果然动起来了。

“我成功了，我成功了！”马铮铮激动不已。

虽然制作这辆小汽车用的材料比较简单，但它应用了科学原理，体现了环保的理念。马铮铮为此动了不少脑筋，下了不少功夫，所以完成这一小制作后，他当然抑制不住喜悦的心情。

第二天，马铮铮兴冲冲地去学校交作品。

马铮铮来到教室，看到班长李天泽的作品也是一辆小汽车，但车上面有一个风车。

马铮铮好奇地问：“班长，你这辆是什么车呀？”

李天泽得意地说：“我这辆是风力车，只要一起风，车子就能跑起来。”

马铮铮更加好奇了，谦虚地问道：“你能告诉我其中的原理，还有它的制作过程吗？”

李天泽点了点头，说：“没问题，科学需要分享嘛！制作这辆风力车需要准备惯性齿轮箱、轮子、橡皮筋、硬纸板、纸、笔、铁丝、胶带等材料和工具。在惯性齿轮箱中加入橡皮筋。把旧杂志的纸张裁下，剪成正方形后做风车。风车中间用笔串起来。在笔的末端,用硬纸板做两个纸圈,用来联动橡皮筋。用铁丝做风车的底座，将它竖直安装到惯性齿轮箱上。然后，把橡皮筋套好。这样，风力车就做好了。只要风足够大，风力车就可以借风行驶起来啦！”

为了验证自己的作品是不是成功，李天泽对着风力车使劲扇风，风力车果然跑动起来了！

其他同学的参赛作品也都不简单：有的制作了电动玩具船，有的制作了电动空中旋转飞机，有的制作了热动力小船，有的制作了电动飞行竹蜻蜓，有的制作了可以发光的红绿灯……还有一些同学画了与科技创新有关的画。

同学们的想象力十分丰富，动手能力也非常强。看来这次小学生科技创新大赛很成功！

王老师看了大家的参赛作品，高兴地说：“同学们，看到你们这种尊重科学、热爱科学的精神状态，老师就觉得，中国的未来大有希望！习爷爷对我们也寄予了厚望呢，他在给北京市八一学校科普小卫星研制团队学生的回信中说，‘希望你们保持对知识的渴望，保持对探索的兴趣，培育科学精神，刻苦学习，努力实践，带动更多青少年讲科学、爱科学、学科学、用科学，努力成长为祖国的栋梁之材，将来更好为实现中华民族伟大复兴的中国梦贡献力量’。”

马铮铮接着老师的话说道：“我们一定行！”

同学们听了老师的话，又看看自己的作品，更加有成就感啦！

这次小学生科技创新大赛，谁的作品将会获奖呢？同学们都拭目以待……

七　生活靠劳动创造

今天是星期天，马铮铮已经完成了全部的周末作业。他钻进爷爷的书房，去翻阅爷爷珍藏的图书——爷爷去公园散步了，不在书房。马铮铮架着凳子，站在书柜旁，拿出这本、挑出那本……

对于马铮铮来说，书中的道理还是太深奥了。他虽然看不懂，但还是很喜欢翻阅，有时还像个大人一样，陷入沉思中。他想：要是爷爷在这里就好了，我就可以直接向爷爷请教了。不过他转念一想：遇到问题，自己独立思考然后弄明白，那种成就感才令人开心呢！

正在拖地板的妈妈这时走进了书房。她弯着腰拖了一会儿地板，停下来，直起身，轻轻地捶了捶自己的腰，叹了口气。

这一幕正好被马铮铮看到了，他关切地问："妈妈，您怎么了？”

妈妈摇了摇头，说：“这段时间腰不太舒服，经常感到酸痛。没事儿，你继续看你的书，不要分神。”

马铮铮跳下凳子，伸手去拿妈妈手中的拖把：“妈妈，您好好休息，让我来吧。”

“不用了，你好好看书吧。”妈妈说。

马铮铮很认真地说：“妈妈，习爷爷说过，‘生活靠劳动创造，人生也靠劳动创造’。他让我们从小就要树立劳动光荣

的观念，自己的事自己做，他人的事帮着做，公益的事争着做，通过劳动播种希望、收获果实，也通过劳动磨炼意志、锻炼自己。所以，我不仅要做一个爱思考的人，也要做一个爱劳动的人。”

妈妈听了，很欣慰地说：“看来我们家铮铮真的是长大啦！”

马铮铮俏皮地一笑，开始拖地板。这个活儿看起来轻松，但要将地板拖得干干净净，必须得有一丝不苟的精神。马铮铮拖了一阵子就汗流浃背了。

这时，家里的电话铃声响了。

电话是马铮铮的好朋友郑明明打来的。

“我们一起去踢足球吧。”郑明明兴奋地对马铮铮说。

马铮铮刚要答应，可是想到自己正在拖地板，而且妈妈身体这么劳累，待会儿他还想继续帮妈妈做些其他家务，就犹豫了。

“明明，我们还是下次再约吧。今天我要帮妈妈做家务。”马铮铮说。

郑明明有些失望，想劝服马铮铮：“做家务那都是大人的事呀，我们的主要任务就是学习，学习之余应该玩玩儿。”

马铮铮说:“明明，你这样想就不对啦！记得习爷爷说过，幸福不是毛毛雨，幸福不是免费午餐，不会从天而降。人世间的一切成就、一切幸福都源于劳动和创造。所以呀，我们不光要认真学习，也要热爱劳动。”

郑明明觉得马铮铮讲得有道理，就对马铮铮说：“好啦，我知道你是‘小马列’嘛，你懂得真多！以后我也要多帮家里做家务。你今天就好好劳动吧，我们改天再一起踢足球。”

马铮铮挂了电话，继续拖地板。不一会儿，他就把家里的地板全部拖得锃亮锃亮的，像镜子一样。

妈妈看到一尘不染的地板，摸了摸马铮铮的头，赞赏地竖起了大拇指。

马铮铮可不满足于拖地板，他又来到自己的房间，认真地收拾起来。平时他经常乱扔、乱放东西，毫不在意，妈妈收拾的时候，他也没当回事儿。可是自己收拾起来时，才发现这个活很琐碎很费劲。

“妈妈，我再也不会乱扔、乱放东西了，以前真的给您增加了很多劳动量。以后我的房间我会自己收拾干净，您也不用这么操心啦！”马铮铮对妈妈说。

妈妈见马铮铮这么懂事，开心地笑了。

妈妈下厨房时，马铮铮也跟了进去，在妈妈的指导下，帮助妈妈淘米，洗菜，切肉，准备用料……

等爷爷、奶奶和爸爸都回到家时，马铮铮已经将菜都端上了桌，还帮大家都盛上了米饭。

爸爸得知今天马铮铮做了这么多家务，高兴地抚摸着马铮铮的头说："铮铮，你今天做得特别好。劳动最光荣，劳动最崇高，劳动最伟大，劳动最美丽。平时都是你妈妈忙里忙外的，爸爸也很少做家务，以后爸爸也要向你学习喽！"

"那是，以后爸爸可不能一回到家就二郎腿一翘，看看报纸喝喝茶，等着妈妈把一切都准备好啦。"马铮铮调皮地向爸爸眨眨眼。

爸爸尴尬地笑了笑，点了点头："好好好，我也要改！我也要把家里的劳动承担起来，等会儿吃完饭，我洗碗！"

看到爸爸这个样子，大家都笑了。

"习总书记说过，'人民的幸福是靠一点一滴创造得来的'。我们家里的幸福啊，也离不开这一件件家务活啊！"爷爷最后做了个总结。

八　体育强则中国强

秋季校运会就要开始了，各班老师都在动员自己班上的同学踊跃报名参赛。

刘老师走进教室，满面笑容地说："同学们，习爷爷说，体育承载着国家强盛、民族振兴的梦想。体育强则中国强，国运兴则体育兴。你们喜欢不喜欢体育运动呢？"

"喜欢呀，老师！"这话从周子安口中说出来，同学们不由得都笑了——要知道周子安算是班上最弱不禁风的。

刘老师也被逗笑了，她接着说道："同学们，根据学校的通知，我们学校将在两个星期后举行秋季运动会。这次比赛的项目有 50 米短跑、100 米短跑、200 米短跑、400 米短跑、立定跳远、单手推实心球、跳高、跳绳、一分钟投篮、4 × 100 米接力等比赛项目。希望大家踊跃报名参加！"

一听到有运动会，同学们立刻沸腾起来。

“我要参加 50 米短跑！”

“立定跳远是我的强项！”

“我的手臂可有力啦，推实心球我肯定行！”

……

刘老师示意大家安静，接着说：“一个星期后，我和体育老师会从报名的同学中选拔参赛运动员。大家这个星期选择自己最擅长的项目，好好训练，争取入围！”

大家可千万别以为马铮铮平时只喜欢看书，其实他也喜欢体育运动，快跑的速度在班上是比较靠前的。所以，这次他决定选择短跑作为参赛项目。

为了入围，马铮铮每天晚上完成作业之后，都要到小区旁边河堤的跑道上练习快跑。跑步时他默默地对自己说：“我要快一点，再快一点！更快一点！”

班上参赛运动员的选拔结果出来了：马铮铮将参加 100 米短跑项目，李天泽将参加立定跳远项目，郑明明将参加一分钟投篮项目，班上 2 名男生、2 名女生将参加 4×100 米接力赛跑项目……

在接下来的一个星期，参赛的同学在老师的组织下有针对性地加强了训练。

令人期待的一天终于到来啦！早上八点半，随着《运动员进行曲》响起，学校的仪仗队、鼓号队、裁判队、各班运动员代表队依次走进运动场。

护旗手高举国旗，昂首挺胸，朝气蓬勃；运动员代表步伐矫健，整齐有序，展现着少先队员积极向上的精神风貌。

随后，校长致开幕词，运动员代表宣誓，裁判员代表宣誓，副校长宣布大会须知，运动会总裁判宣布比赛规则。校长宣布运动会开始，运动员退场，裁判员就位，各类比赛项目如火如荼地展开。

站在起跑线上的马铮铮，心里十分紧张。他心想：对手们都是各班最优秀的短跑选手，我一定要拼尽全力，拿出最好的成绩来！

班上的老师和同学们都站在赛道两旁，充满期待地看着马铮铮。

裁判员一声枪响，运动健儿们像离弦的箭，全力向前冲去。马铮铮的双脚像踩了风火轮，快速地朝终点奔跑。他神情坚定，摆臂有力。有两名运动员跑在他的前面，他必须加速超越他们！

“马铮铮，加油！马铮铮，加油！”老师和同学们都呐喊着为马铮铮打气。

马铮铮觉得浑身充满了力量，加速向前。他超越了前方的一名运动员，在最后几米的时候超越了另一名运动员。他率先冲过了终点！

在热烈的掌声和欢呼声中，马铮铮获胜了！

马铮铮开心极了——这是挑战自我、挥洒汗水后的收获，这是为集体争光、让生命发光的自豪。

获胜后的马铮铮，加入了班上啦啦队的队伍，他为李天泽加油，为郑明明加油，为班上所有参赛的同学加油。

最激动人心的项目应该是 4×100 米接力跑了。啦啦队员们看着运动员一个接一个地将接力棒传递下去，心都提到了嗓子眼儿。当一名运动员超越其他队的运动员时，啦啦队就松了一口气；当下一名运动员落后时，啦啦队就紧张极了。这个比赛项目，体现的是团结协作，体现的是集体力量，因此，啦啦队的加油呐喊有如滚滚的雷声。

这次校运会比赛，马铮铮获得男子 100 米短跑项目第一名，郑明明获得一分钟投篮项目第一名，李天泽获得立定跳远项目第三名，班上的 4×100 米接力赛跑项目也获得了第二名……

大家欢呼雀跃，李天泽却有些失落。

细心的刘老师看到了这一幕。

回到班上，刘老师对大家说："同学们，习爷爷对少年儿童加强体育锻炼提出希望，他说，'身体是人生一切奋斗成功的本钱，少年儿童要注意加强体育锻炼，家庭、学校、社会都要为少年儿童增强体魄创造条件，让他们像小树那样健康成长，长大后成为建设祖国的栋梁之材’。这次运动会，我们班上的运动员以积极的态度、饱满的热情参加比赛，向更快、更高、更强的目标奋进。大家赛出了风格，赛出了水平。有的同学取得了好成绩，有的同学成绩不是很理想，但也不要紧，只要大家拼尽了全力，不管结果如何，你们都是胜利者，老师和同学们都为你们感到骄傲！我们在学习上也要发挥这种积极进取、顽强拼搏、奋发向上的精神，这样，我们的学习成绩也一定能够不断再攀新高！”

李天泽听了刘老师的话，心里好受了很多。是呀，哪能人人都是第一名呢？只要努力了，尽力了，那就是最好的结果。

运动会已经画上圆满的句号，同学们下定决心：锻炼身体的热情不能减，热爱运动的习惯不能丢，永远保持团结拼搏的精神，将健康向上作为不懈的追求，让自己像展翅的雄鹰，向美好的未来翱翔……

链接

2013年3月19日，习近平爷爷在接受媒体采访时曾经说过：“我也是体育爱好者。”

事实上，习爷爷喜爱的体育项目十分广泛。他喜欢游泳、爬山等运动，四五岁时就学会了游泳。他还喜欢足球、排球、篮球、网球、武术等运动。

习爷爷认为体育锻炼不仅仅是个人爱好，还是工作上的“得力助手”：“锻炼身体可以保持身体健康，也有助于提高工作效率。我认为，我们每个人都需要在工作和休息之间寻求平衡。这可以令我们精力充沛，并帮助我们更好地工作。”

九 常怀感恩之心

放学时间到了，同学们并没有像往常一样兴奋欢呼，而是望着窗外的暴雨一筹莫展。

“这可怎么办呀？下这么大雨，我爸爸怎么来接我呀？”李天泽皱着眉头说。

“这种暴雨天气，肯定要全城大堵车了，我妈妈的车子也开不进来。”周子安急得直跺脚。

童雯雯却安安静静地坐在课桌旁，认真地写作业。

马铮铮好奇地问：“雯雯，为什么你一点不急着回家呢？”

童雯雯抿了抿嘴，笑着说：“等雨停了，我再自己走回去。因为我爸爸做工的地方离学校比较远，平时我都是自己走路回家的。”

马铮铮听刘老师说过，童雯雯很小的时候妈妈就去世了，爸爸是进城务工人员，平时靠做体力活来养家。作为单亲家庭的孩子，童雯雯一直很懂事。

看着童雯雯继续专心写作业的样子，马铮铮的鼻子有些发酸。

同学们都在猜想：今天谁会是被家人接走的第一个呢？

就在大家翘首以盼的时候，一个高大魁梧的中年男人出现在教室门口。他穿着雨衣拿着伞，可全身仍然被雨水淋透了，朴素的衣服上沾满了泥巴——看得出来，他冒雨赶了很远的路。

“雯雯，你爸爸接你来了！”刘老师大声喊道。

童雯雯抬起头，几乎不敢相信自己的眼睛。

“爸，你怎么来了？这么远的路……”童雯雯望着浑身滴水的爸爸，眼睛湿润了。

“雨下这么大，想到你就要放学了，我哪有心情做工呀？赶紧向老板请了个假，就急急忙忙赶过来了。走得急，还摔了一跤。”爸爸嘿嘿地笑了笑，把另一件雨衣披到童雯雯身上。

“谢谢爸爸！”童雯雯抹了抹眼角，背着书包，紧紧地牵着爸爸的手，走出了教室。

想不到离得最远、平时没空接送孩子的童雯雯爸爸，这回却最早出现在童雯雯面前，同学们都被这一幕感动了。

随后，当自己的爸爸、妈妈冒着大雨出现在面前时，望着他们气喘吁吁、焦急不已的样子，每个同学心底都涌上一股暖流。

“谢谢爸爸！”

“谢谢妈妈！”

同学们都发自内心地对爸爸、妈妈表示感谢。

回家的路上，妈妈总是把伞往马铮铮这边倾斜。看到妈妈的大半边身体都被雨淋湿了，马铮铮轻轻地把伞往妈妈那边推去，可是妈妈马上又推了过来。母子俩相视一笑。

妈妈说：“没事儿，我反正已经被淋湿了，不用挡啦！”

马铮铮心想，父母心里装的都是自己的孩子，生我们、养我们，为我们默默付出，默默奉献，不计回报，无怨无悔。但我们经常觉得理所当然，不懂得感恩，有时还为一些小事顶撞他们，多么不应该呀！

打开家门，奶奶已经站在门前。她看着妈妈湿漉漉的样子，心疼地说：“快去洗个热水澡吧。我熬了姜汤，洗完澡后，赶紧喝碗姜汤，可千万别着凉感冒了。”

“谢谢妈！”妈妈对奶奶说。

妈妈洗完澡出来，马铮铮第一时间把姜汤捧到了妈妈面前。

妈妈微笑着说：“我们家铮铮长大啦！”

晚饭后，马铮铮来到爷爷的书房。爷爷正在专心地练书法呢！

“咦，爷爷，您的眼镜镜片怎么有裂痕啦？”马铮铮盯着爷爷鼻梁上的老花镜，惊讶地问。

爷爷摘下眼镜，回答说：“前几天不小心把眼镜摔地上了，这些天一直忙，还没空去换呢。”

这时，爸爸走了进来，笑眯眯地将一副新眼镜递给爷爷：“爸，我看到您的眼镜坏了，给您买了一副新的，您戴一下看合适不？”

爷爷戴上新眼镜，环顾了一下，满意地点了点头：“很好，很好，很合适！谢谢儿子喽！”

爸爸不好意思地笑了：“爸，看您说的，这么一桩小事，对自己的儿子还这么客气。没有您和妈，哪有我呀？”

爸爸走后，马铮铮跟爷爷认真地探讨起“感恩”这个话题来。

马铮铮说：“爷爷，今天放学时下着大雨，爸爸妈妈们都冒雨来接孩子，我很受触动。同学们也跟我有一样的感受。平时，我不太注意这些事情，而这场大雨引发了我的思考。回到家，看到奶奶对妈妈的关心，看到爸爸对您的孝顺，我更是深有感触。我想，懂得感恩是一种美德。尊重、关心、爱护应该是相互的，无论是对家人，还是对陌生人。”

爷爷喝了一口茶，说：“孩子，你能往这方面思考，我很欣慰。其实，家人在付出，老师在付出，社会在付出，国家在付出，我们都应该感恩。家人给予我们无私的关爱，老师尽心尽职地传授知识，社会为我们提供丰富的物质产品和精神文化，国家为我们的安居乐业提供安全稳定的坚强保障，我们都应该感恩。”

马铮铮若有所思地说：“您的这一观点我感到很熟悉呀……噢，我想起来了，习近平爷爷在给陕西照金北梁红军小学学生回信中这样写道，‘你们说，今天的幸福生活来之不易，这话讲得很好。希望你们怀着一颗感恩的心，珍惜时光，努力学习，将来做对国家、对人民、对社会有用的人’。是呀，今天的幸福生活来之不易，我们要对拥有的幸福生活感恩，对家人感恩，对老师感恩，对社会感恩，对党和国家感恩。”

爷爷摸了摸马铮铮的脑袋，点了点头说：“没错，我们应该始终怀着感恩的心对待生活。只有这样，我们的人生才会更幸福、更快乐！”

十 培育美好的心灵

人的生命只有一次。对于芸芸众生而言，人生往往显得很平凡。平凡如何成就伟大？平凡如何孕育崇高？

刘老师给同学们播放了一部专题片，片子讲述的是“时代楷模”黄文秀姐姐的故事。

链接

黄文秀姐姐从北京师范大学硕士研究生毕业后，响应组织号召回到家乡广西百色工作，她主动报名到乐业县新化镇百坭村担任驻村第一书记，充满激情地奋战在脱贫攻坚第一线。她希望用自己的真心、真情回报这片生她、养她的红色土地和父老乡亲。她进屯入户，做群众的贴心人，帮助群众解决难题、渡过难关，赢得群众的信任和尊敬。她把时间和精力集中投入脱贫攻坚事业中，没有多少时间陪伴身患重病的父亲和敬爱的母亲，心有内疚却无怨无悔，因为她选择了为了大我，牺牲小我……2019年6月16日晚，百色地区突降暴雨，黄文秀姐姐从百色返回乐业，途中遭遇山洪，不幸遇难，年仅30岁。

习近平爷爷对黄文秀姐姐先进事迹作出重要批示，指出黄文秀姐姐研究生毕业后放弃大城市的工作机会，毅然回到家乡，在脱贫攻坚第一线倾情投入、奉献自我，用美好青春诠释了共产党人的初心使命，谱写了新时代的青春之歌。他号召广大党员干部和青年同志要以黄文秀姐姐为榜样，不忘初心、牢记使命，勇于担当、甘于奉献，在新时代的长征路上做出新的更大贡献。

同学们看完黄文秀姐姐的故事后，心灵受到了极大震撼。黄文秀姐姐大公无私、服务群众的事迹深深地感动了他们。

“如果我们能为贫困地区的儿童做些什么就好了……”马

铮铮自言自语。

这话被刘老师听到了，她朝马铮铮点了点头，然后动情地对大家说："同学们，脱贫攻坚是一场必须打赢打好的硬仗，是一项对中华民族、对整个人类都具有重大意义的伟业。大家虽然还是小学生，但也可以力所能及地为脱贫攻坚贡献自己的力量。在贫困地区，还有很多贫困家庭的孩子，他们在条件相对艰苦的学校上学。我提议，我们班和一个贫困村小学的班级开展'手拉手'结对子活动，给贫困地区的同学送

上关怀和温暖，让他们有一个更美好的童年。”

刘老师的提议得到了同学们的热烈响应。大家都对“手拉手”结对子活动充满了热情和期待。

马铮铮放学回到家，打开衣柜，把妈妈前几天给他买的两套新衣服拿出来，叠整齐。他又来到书柜旁，把自己最喜爱的十几本书拿出来……

“铮铮，你这是在干吗呀？”妈妈不知道什么时候站在了马铮铮身后。

马铮铮回答说：“妈妈，这周六刘老师要带我们去一个名叫木英村的贫困村，跟木英村小学同年级的同学开展‘手拉手’结对子活动。所以，我要给他们带上礼物。您能不能再多给我准备一些好吃的零食？我想跟他们分享一些城里的好东西。”

妈妈微笑着说：“这是一件很有意义的事情呀！放心，妈妈一定帮你准备好。”

周六一大早，同学们就提着大袋小袋的礼物来到学校，在刘老师的带领下，统一乘上了大巴车。这群从小在城里长大的孩子并不太了解乡村，尤其是贫困地区，大部分同学也只是在电视上看过一些画面而已。

大巴车行驶在弯弯曲曲的山路上，开了 4 个多小时才进入木英村。这儿四面环山，少土缺水，很多山上都是光秃秃的，以前每家每户建有一个大水柜，人们靠收集雨水解决饮水问题。这些年通过脱贫攻坚，村子里的基础设施有了很大改善，群众家里的房子也都建得牢固了，可是生活条件仍然比较艰苦。

大巴车开到木英村小学时，村小学的老师带着孩子们等候在校门口，他们用力地鼓掌，高声欢呼："欢迎，欢迎，热烈欢迎！"

刘老师和同学们兴奋地跟木英村小学的师生们打招呼，将带来的礼物一一搬下车。木英村小学的师生们也都围上来，帮着搬运东西。

木英村小学的熊校长热情洋溢地向远道而来的孩子们介绍学校的情况，带着大家一起参观教室、食堂、图书室、学生宿舍……

熊校长介绍说，近年来，在习近平总书记和党中央的高度重视下，脱贫攻坚取得了巨大的成就，木英村小学的教学条件有了很大改善：稳固宽敞的新教学楼替代了破旧危险的老教学楼；安全舒适的新宿舍楼解决了同学们的午休问题，也解决了离家较远的同学的住宿问题；政府提供免费营养午餐，为同学们的健康提供了保障；社会各界爱心人士捐赠大量图书，给同学们送来了丰富的精神食粮……

可是，与城里的孩子们相比，木英村小学的孩子们的学习环境、生活条件仍然比较艰苦，他们穿得很朴素，学习用具也比较简单，没有什么零花钱，很少有机会走出大山，放学回家有的还要照顾弟弟妹妹、帮助家里做农活……

与马铮铮“手拉手”结对子的同学叫李林，是个很淳朴的孩子。当马铮铮把新衣服、书本、零食送到李林手中时，李林害羞地低下了头。但不难看出他非常喜欢这些礼物。李林也拿出自己亲手做的一支竹笛送给了马铮铮。

其他同学也纷纷将礼物交到跟自己“手拉手”结对子的同学手中。城里的孩子和山里的孩子很快玩在了一起，其乐融融。他们互相许诺要多联系，有机会还要再见面，让彼此之间的友谊保持下去。

这次“手拉手”结对子活动，让同学们感受到了城乡之间的差异，也让大家对自己的生活有了新的认识。山里的孩子希望通过努力学习，将来走出大山；城里的孩子懂得了应该珍惜优越的生活环境，努力学习，长大后用真才实学报效国家和社会。

十一 传承和发扬中华优秀传统文化

为了培养孩子们尊师重道、孝老爱亲的高尚品德，家委会决定组织一场尊师孝亲的活动。同学们积极响应，班主任刘晓云老师和其他任课老师也都给予了支持。

周六早上，师生们和家长们来到市郊的孔庙博物馆。同学们兴高采烈地随着家长去领取汉服。

换上汉服后的同学们，每一个都让人忍俊不禁！

“瞧瞧，我感觉自己穿越到了古代！”马铮铮笑呵呵地说。

“我像不像一个古代读书郎？”李天泽甩了甩衣袖说。

周子安穿着汉服款款走来，笑嘻嘻地说：“换上这衣服好像在演电视剧哦。”

同学们你看看我，我看看你，都哈哈大笑起来。

司仪带着大家来到孔庙大门列队，进行礼仪培训。培训结束后，司仪宣布活动正式开始。

首先进行的是“迎礼”。在礼生和老师的引导下，同学们分两列站立，家长与孩子一一对应，静候仪式开场。

接着进行“告天”。司仪诵读祷祝之辞，旨在昭告此次活动的目的与意义。

随后，同学们“净手入庙”。大家平展双手，放到水盆里，手心、手背先后各贴水面一次，再依次走出状元门，在礼生

引领下，缓缓走上状元桥。

同学们来到孔庙主殿大成殿前，进行“学子三献”：一为献香，二为献果，三为献花。这是奉祀孔子的简礼。

然后，同学们开始向孔子塑像行“三拜礼”。大家双手叠放在腹部，推手齐额。拜的时候，鞠躬90度。起身时，双手附心，再双手回位。

三拜礼成后,同学们齐声诵读《弟子规》。弟子规原名《训蒙文》，是清朝秀才李毓秀依据孔子的教诲编写的，具体列举出为人子弟在家、出外、待人接物、求学应有的礼仪与规范，后来经过清朝贾存仁修订改编，改名为《弟子规》。

接下来的环节，是同学们“礼拜亲师”。大家恭恭敬敬地向刘老师和各位任课老师敬茶，感谢老师们教授知识、诲人不倦。“老师，您辛苦了！”大家真诚地表达自己对老师们的感谢。

再接着是“茶敬父母”。家长们到拜台前就座，敬茶的同学分组陆续走上拜台，端起茶杯，站在自己的父母面前，给他们敬茶。一句句“爸爸、妈妈，你们辛苦了”，让爸爸妈妈们很是欣慰。

同学们还进行了“击鼓鸣志”。大家列队走进大成殿，依次走到大鼓前，敲击大鼓，希望自己学业进步。最后，大家在孔庙的许愿树下系上许愿带，许下心愿——很多同学把将来实现自己的理想作为最美好的愿望。

活动结束后，刘老师问："同学们，参加完这次尊师孝亲的活动，大家有什么感想？"

李天泽举手回答说："我感受到了古代读书人的彬彬有礼。"

周子安回答说："我觉得呀……穿着汉服，挺有意思的！"说完朝大家做了个鬼脸。

"铮铮，你呢，有什么感想？"刘老师问道。

马铮铮思考了一下，认真地回答说："我爷爷跟我说过，中华传统文化源远流长、博大精深，是中国人民和全人类的宝贵财富。当然，这些文化有的是精华，有的是糟粕。好的呢，我们要继承和发扬；不好的呢，我们就要丢弃。比如今天的活动，有些古代的礼仪，现在我们不再用了，但其中蕴含的尊师重道、孝老爱亲的道理，蕴含的崇尚读书、追求上进的精神，却是需要我们继承和发扬的。习近平爷爷对传承和发展中华优秀传统文化有过很多重要的论述。比如，他说，'中华优秀传统文化是中华民族的精神命脉，是涵养社会主义核心价值观的重要源泉，也是我们在世界文化激荡中站稳脚跟的坚实根基’。他还说，‘中华优秀传统文化是中华民族的文化根脉，其蕴含的思想观念、人文精神、道德规范，不仅是我们中国人思想和精神的内核，对解决人类问题也有重要价值’。”

刘老师点了点头，说：“同学们，今天我们开展尊师孝亲活动，只是对中华传统文化的一个小体验。中华优秀传统文化蕴含的丰富的思想观念、人文精神、道德规范，我们应该结合时代要求继承创新，让它们展现出时代风采和永久魅力。习近平爷爷说，‘我们要以更大的力度、更实的措施加快建设社会主义文化强国，培育和践行社会主义核心价值观，推动中华优秀传统文化创造性转化、创新性发展，让中华文明的影响力、凝聚力、感召力更加充分地展示出来’。习爷爷提出，要把优秀传统文化的精神标识提炼出来、展示出来，把优秀传统文化中具有当代价值、世界意义的文化精髓提炼出来、展示出来。相信在这次活动之后，同学们一定会更加尊师重道、孝敬父母，也一定会更加努力学习，将来为中华优秀传统文化发扬光大做出自己的贡献！”

刘老师的话音刚落，同学们就用热烈的掌声表达了自己的决心和信心！

链接

2014年12月20日，习近平爷爷在考察澳门大学新校区的时候说，自己在青少年时代也非常喜欢阅读中华文化典籍，坚持一点一滴学。直到现在，一有空就会拿起一本翻一翻，每次都觉得开卷有益。

习爷爷说："中华文化源远流长、博大精深，如同一座宝藏，一旦探秘其中，就会终生受用。我们要取其精华、去其糟粕，赋予中华传统文化以新的时代内涵，使之成为我们的精神追求和行为准则。"

十二 让中华大地的山更绿

今天，刘老师为同学们播放了一部专题纪录片，内容是关于环境保护的。

工厂的烟囱冒出的滚滚浓烟飘向天空，乌黑的污水哗哗地流向江河，一车又一车的工矿废渣倾倒在山谷中，被人们随手扔弃的塑料袋、塑料瓶随处可见，乱砍滥伐导致喀斯特地区石漠化，过度放牧使得草原不断沙漠化。

环境遭到破坏后，江河里的鱼儿大批死亡，花草树木逐渐枯萎，鸟儿们不见了踪迹，一些人因此患上重病、走向死亡……

同学们看了这部纪录片后，心情非常沉重。

“污染环境的行为太可恶了！”

“保护环境真的太重要了！”

“我们一定要从自己做起，主动为保护环境做点事情！”

……

刘老师听了同学们的议论，感到十分欣慰，她对大家说：“看来这部片子对同学们的触动很大。是的，地球是人类赖以生存的唯一家园。我们必须保护好我们共同的家园。习近平爷爷多次强调，‘绿水青山就是金山银山’，‘保护生态环境就是保护生产力，改善生态环境就是发展生产力’！”

马铮铮接过话：“习爷爷还说过，要‘像保护眼睛一样保护生态环境，像对待生命一样对待生态环境’，‘让中华大地天更蓝、山更绿、水更清、环境更优美’。”

刘老师赞许地点了点头，然后问道：“大家知道每年的 3 月 12 日是什么日子吗？”

同学们异口同声地回答：“植树节！”

“那我们那天一起去植树，为祖国播种绿色，好不好？”刘老师说。

“好！”教室里响起了热烈的掌声。

植树节这天，同学们都穿上舒适的运动服和运动鞋，准备好手套，早早来到学校。大家领了工具和树苗，在刘老师的带领下，兴高采烈地乘车来到市郊一处荒山上。

“我们男生力气大，挖树坑的任务就交给我们吧！”李天泽挽着袖子，摆出一副男子汉的架势。

“哼，看不起我们女生吗？”周子安很不服气地抢过一把锄头。可是她的力气实在太小了，虽然把锄头挥了起来，但锄头落在地上轻飘飘的，只锄起一点小尘土。

同学们看到这一幕，都忍不住笑出声来。

周子安羞得满脸通红。

马铮铮从周子安手中接过锄头，说：“谁说女子不如男？只是分工不同而已。等会儿还要填土、浇水呢，挖坑这种力气活还是让我们来吧。”

男同学们拿起了锄头、铁锹，争先恐后地挖树坑。

“同学们，别着急，注意坑与坑之间留够距离，千万不要离得太近，否则以后阳光不充足，树苗就长不大了。树与树之间，前后左右的距离都要留够 4 米。”刘晓云老师叮嘱道。

李天泽示意大家先停下来，说：“我们先在地上做好标记，大家按标记来挖，这样坑与坑之间的距离就不会太近或者太远了。”

李天泽拿出一小袋石灰粉和一把卷尺——原来，刘老师早就准备好这些东西了。

“嘿，这个活儿我们可以做！”周子安一把抢过李天泽手中的石灰粉和卷尺。

周子安又叫上两个女同学来配合她。两个女同学帮丈量距离，周子安戴上手套，负责洒石灰粉。

男同学们按照石灰粉的印记开始挖起坑来。大家挖得可卖力了，都想快点挖好一个坑，然后马上去挖下一个坑。

“我已经挖好三个坑啦，你一个还没挖完呢！”一个男

同学得意扬扬地说。

“你那个坑挖得太浅了，树苗根本种不下去！”一个女同学泼他的冷水。

“你那个坑挖得太窄了，这样不行的！”另一个男同学也说道。

刘老师赶紧指导大家，要求大家按照标准尺寸把坑挖好。

所有的坑都挖好之后，男同学已经累得气喘吁吁、汗流浃背了。几个男同学瘫坐在地上，哼唧个不停：“哎哟喂，可把我给累坏了！”

“轮到我们种树苗喽！”女同学一拥而上。她们把树苗放置在坑中间，尽量保证树干垂直。

“大家放树苗时要小心一点儿，注意保护好树根，不要让树根折断。填土填到坑的一半位置时，就给树苗浇水，将所填的土浇透就行了。不要浇水过多，不然树苗容易倾斜。”刘老师大声说。

男同学看到树苗，兴奋劲儿又上来了，疲倦仿佛一扫而光。他们又冲上前去，参与到填土的劳动中。

大家给树苗浇好水，再用铁锹在树苗四周均匀填上土，然后再用脚踩一踩。

“好了，大功告成了！”李天泽看到所有的树苗都种上了，所有坑都填好土了，忍不住兴奋地大喊起来。

可是，马铮铮却没有停下来，而是拾起一些树叶和枯草，覆盖到树苗下面的泥土上。

“铮铮，你这是在做什么？”李天泽满脸都是问号。

“在泥土上面铺上一层树叶或干草，可以减少水分蒸发，树苗会更容易成活。”马铮铮回答说。

刘老师微笑着点点头：“看来铮铮做了不少功课，他说得对。”

听了刘老师的话，大家也纷纷去拾捡树叶、枯草，给树苗下面的泥土盖上“毯子”。

马铮铮望着这片绿油油的树苗，心想：每一棵树都是一个生命，每一棵树都是一个希望。多年之后，这些刚种下的小树，就会相继长成大树，我们的环境也会一天比一天好。

通过这次植树活动，同学们变得更加关注环境保护，更加珍惜生态资源，他们暗下决心：以后要从自身开始，从小事做起，保护好生态环境，守护好我们共同的家园！

十三　把红色基因一代代传下去

“同学们，习近平爷爷希望我们少年儿童要‘多了解中国革命、建设、改革的历史知识，多向英雄模范人物学习，热爱党、热爱祖国、热爱人民，用实际行动把红色基因一代代传下去’。那么，谁知道红色基因是指什么？”课堂上，刘老师向同学们提问。

马铮铮第一个举手回答：“我爷爷告诉过我，红色基因就是中国共产党独有的特质，是中国共产党人在近百年的历史中创造并积淀形成的。”

刘老师满意地点了点头：“马铮铮同学真不愧是我们班的小理论家呀！红色基因的密码其实就藏在那段革命历史中。为了让同学们深入了解中国共产党人的红色基因和革命历史，明天我就带同学们去革命纪念馆参观。”

第二天上午，刘晓云老师带着同学们来到革命纪念馆。

讲解员一边讲解，一边带着大家参观。革命纪念馆内的图片、文字、影片、实物和塑像，生动地向大家展示了中国共产党领导中国人民进行革命斗争的伟大历程。

讲解员介绍了红军在井冈山的革命斗争史：“1927 年

10月，毛泽东率领秋收起义部队到达井冈山地区，创建了中国第一个农村革命根据地，开辟了‘以农村包围城市、武装夺取政权’的具有中国特色的革命道路。因此，井冈山被誉为‘中国革命的摇篮’和‘中华人民共和国的奠基石’。井冈山的斗争为中国革命开辟了一条成功之路，尤其是为后人留下了宝贵的精神财富——井冈山精神。”

马铮铮听爷爷讲过这段历史，还记得毛主席1928年在井冈山上写的一首词，名叫《西江月·井冈山》，他情不自禁地背诵起来:“山下旌旗在望，山头鼓角相闻。敌军围困万千重，我自岿然不动。早已森严壁垒，更加众志成城。黄洋界上炮声隆，报道敌军宵遁。”

在讲到瑞金的时候，讲解员介绍：瑞金是中国第一个红色政权——中华苏维埃共和国临时中央政府的诞生地。20世纪30年代初，毛泽东、朱德等老一辈无产阶级革命家在瑞金进行伟大革命实践，并开展了红色政权建设探索。1931年冬，中华苏维埃第一次全国代表大会在瑞金的叶坪召开，大会向世界庄严宣告中华苏维埃共和国临时中央政府正式成立，定都瑞金。

讲解员带着同学们来到一幅巨大的油画面前。画里是一支长长的红军队伍，战士们穿着单薄破旧的衣服，行走在雪地上。他们看起来又饥又冷，有的甚至已经倒在了路上。而那些还活着的战士，目光坚定，信念执着，让人感觉他们的意志如钢铁般坚强……

讲解员介绍说："同学们应该已经猜出这幅油画画的是红军长征的情景了。"

链接

从 1934 年 10 月至 1936 年 10 月，红军第一、第二、第四方面军和第二十五军进行了伟大的长征。红军征服空气稀薄的冰山雪岭，穿越渺无人烟的沼泽草地，跨越省份十余个，翻越高山 40 余座，跨越江河近百条，行军途中战役战斗 600 余次，总行程 65000 余里。1936 年 10 月，红军三大主力在会宁和将台堡会师，标志万里长征胜利结束。长征历时之长、规模之大、行程之远、环境之险恶、战斗之惨烈，在中国历史上是绝无仅有的，在世界战争史乃至人类文明史上也是极为罕见的。

讲解员详细讲解了红军长征，从血战湘江、强渡乌江、四渡赤水、巧渡金沙江、强渡大渡河、飞夺泸定桥、翻雪山、过草地到红军大会师，每一段历史都让同学们惊叹不已。

伟大的长征精神，作为中国共产党人红色基因和精神族谱的重要组成部分，已经深深融入中华民族的血脉和灵魂，成为社会主义核心价值观的丰富滋养，成为鼓舞和激励中国人民不断攻坚克难、从胜利走向胜利的强大精神动力。

讲解员继续给大家讲延安、讲西柏坡……

中国共产党领导中国人民进行伟大斗争的革命历史，让同学们深感震撼。他们感慨革命成果的来之不易，感慨现在幸福生活的弥足珍贵。

参观结束后，刘老师看着同学们，动情地说："中国革命的胜利和新中国的建立是无数革命先烈用鲜血换来的。我们一定要继承先烈遗志，传承红色基因，弘扬优良传统，按照习近平爷爷的嘱托和冀望，'让红色基因代代相传'，'为坚持和发展中国特色社会主义、实现中华民族伟大复兴的中国梦时刻准备着！'"

链接

在纪念红军长征胜利80周年大会上，习近平爷爷讲述了“半条棉被”的故事。

1934年11月，红军正在进行艰难的长征。在湖南汝城县沙洲村，三名疲惫不堪的女红军战士在部队驻扎休整时借宿在村民徐解秀家中。她们临走时，把自己仅有的一床被子剪下一半给徐解秀留下了。三名女战士用“半条棉被”回答了什么叫红军，什么叫共产党。共产党和红军就是自己有一条被子，也要剪下半条给老百姓的人！

同人民风雨同舟、血脉相通、生死与共，是中国共产党和红军取得长征胜利的根本保证，也是我们战胜一切困难和风险的根本保证。

十四　中华民族一家亲

“同学们，我们中国一共有多少个民族？”刘老师笑眯眯地问。

“56 个民族！”同学们异口同声地回答。

“那么汉族和少数民族应该怎么相处呢？”刘老师继续问道。

“团结互助！”同学们又齐声回答。

刘老师点了点头，说：“大家知道，党和国家历来高度重视民族团结工作。党的十八大以来，习近平爷爷也多次强调民族团结的重要性，在很多场合都谈到了民族团结。马铮铮同学，你知道吗？”

马铮铮站起来，大声回答道：“老师，我当然知道了。习爷爷用了形象的比喻来说明民族团结，他强调要像爱护自己

的眼睛一样爱护民族团结，像珍视自己的生命一样珍视民族团结，各族人民要像石榴籽那样紧紧抱在一起。习爷爷还说，民族团结就是各族人民的生命线。船的力量在帆上，人的力量在心上。做民族团结重在交心，要将心比心、以心换心。各民族同胞要手足相亲、守望相助，共同维护民族团结、国家统一。”

刘老师赞赏地点了点头，说：“看来马铮铮同学知道的还不少呢。我们每个人也都应该知道，我们国家是由 56 个民族组成的大家庭，民族团结一家亲。中华民族之所以能够经历数千年的风雨考验，靠的就是各民族紧密团结。团结就是力量，团结是我们中华民族战胜前进道路上一切艰难困苦，从胜利走向更新更大的胜利的重要保证。因为，进入新时代，中华民族要强大起来，实现中华民族伟大复兴，也一定要靠各民族的团结友爱。同学们，民族团结不仅是国家的事，也是我们每一个公民的责任和义务。维护民族团结，应该从小做起、从我做起。”

为了让同学们更加深入了解少数民族，刘老师说这周五上午会带大家去民族小学，与那里的同学进行交流。同学们听说可以见到少数民族的同学，都高兴极了。

周五早上，大家兴高采烈地跟着刘老师出发了。

刘老师和同学们受到了民族小学师生们的热烈欢迎。少数民族的孩子们还特意穿上了本民族的服装。那些各式各样的漂亮服装，让大家目不暇接。

大家搬来座椅，围着操场坐成一个大圈。民族小学的吴老师主持这次交流活动，她让少数民族的学生依次走到中间，向大家展示身上的少数民族服装，介绍自己民族的风俗文化。

最先上来的，是一个藏族的小女孩。她身穿漂亮的蓝色长袖宽腰花边长裙，脚着长靴，捧着一条宽二三十厘米、长约一米的洁白哈达，走到刘老师面前，将哈达挂在刘老师的脖子上，双手合十，说："扎西德勒！"刘老师也双手合十，回应道："扎西德勒！"

藏族小姑娘走到圆圈中间，向大家介绍说："老师好！同学们好！我是来自藏族的卓玛。藏族主要分布在我国的西藏自治区和青海省大部，四川、甘肃、云南等省的部分地区。我们藏族有自己的语言和文字。糌（zān）粑、酥油茶、牛羊肉是藏族的主要食物。我们的重要节日有雪顿节、大佛瞻仰节、祈祷节等等。"

接着，一个穿着蒙古袍的男生走了上来，这个壮实的男生用雄厚的声音介绍说："我是来自蒙古族的乌力吉。蒙古族有'马背民族'之称。在美丽的大草原上，蒙古族人民自幼就在马背上成长，马就是蒙古族的摇篮。大家看，我穿的这种袍服，就是为了方便骑马设计的！我们蒙古族是一个能歌善舞的民族。蒙古族的舞蹈节奏欢快，动作刚劲有力，其中抖肩、揉臂最具特色。经典的蒙古族传统舞蹈有马刀舞、筷子舞、安代舞、盅碗舞等。我们的传统乐器主要有马头琴、蒙古筝、蒙古琵琶、蒙古四弦琴和蒙古战鼓等。在草原上，蒙古族喜欢住在蒙古包里，那是一种呈圆形尖顶的天穹式住屋。"

接着，一个穿着连衣裙、外罩坎肩的女生走上来，用甜甜的声音说：“大家好！我是来自维吾尔族的塔吉古丽。维吾尔族主要聚居在新疆维吾尔自治区。在新疆，人们非常注重对环境的改造和美化，庭院式的住宅往往开辟有果园、花圃、葡萄棚，可漂亮了。我们很注重家里的装饰，每个家庭墙壁上都挂有壁毯，家里都铺有地毯。我们的传统饮食以面食为主，喜欢吃羊肉、牛肉，名菜有烤全羊、清炖羊肉、烤羊肉串等。主食的种类很多，最常吃的有馕、抓饭、烤包子、拉面等。维吾尔族的舞蹈以快速旋转和多变著称，传统的舞蹈有顶碗舞、大鼓舞、铁环舞、普塔舞等。维吾尔族的传统节日，主要是肉孜节、古尔邦节和诺鲁孜节。”

一个穿着蓝黑色唐装、宽大裤子的男生走上前，对师生们说：“大家好！我是来自壮族的韦达强。我国55个少数民族中人口最多的就是壮族。壮族主要分布在广西壮族自治区。壮族一向以能歌著称，‘歌仙’刘三姐的故事想必大家都知道吧！壮族每年有定期的民歌集会，其中以‘三月三歌节’最为隆重。绣球、壮锦、铜鼓是壮族独具特色的“三宝”。壮族是最早栽培和种植水稻的民族之一，米饭、米粥是壮族的主食。米粉、米糕、糍粑、粽子等，是壮族日常喜爱的食品。”

一个戴着无檐小白帽的男生走上来，说："大家好！我本名叫郭星，是回族人，我还有一个'经名'叫作哈力木。大家都知道宁夏回族自治区，很多人以为回族人全部居住在宁夏，其实回族人散布全国。在日常生活中，我们特别喜欢喝茶和用茶待客。回族每年主要过三个重大节日，即开斋节、古尔邦节和圣纪节，节日都以伊斯兰教历计算。"

……

在交流活动将要结束的时候，刘老师说："同学们，习近平爷爷对民族团结非常重视，他说，'我国56个民族都是中华民族大家庭的平等一员，共同构成了你中有我、我中有你、谁也离不开谁的中华民族命运共同体。实现中华民族伟大复兴的中国梦是各民族大家的梦，也是我们各民族自己的梦'，'中华民族一家亲，同心共筑中国梦，这是全体中华儿女的共同心愿，也是全国各族人民的共同目标。实现这个心愿和目标，离不开全国各族人民大团结的力量'。有了民族大团结，中国梦一定能早日实现！"

十五 我们都是追梦人

今天的课堂上，刘老师让同学们畅谈让自己感动的事情。

“老师，我先说！”郑明明抢着举起手。

在征得刘老师的同意后，郑明明站起来，说道：“有一位叫张富清的老人，他的事迹令我非常感动。……”

链接

张富清参加过中国人民解放军，在解放大西北系列战斗中英勇善战、舍生忘死，先后荣立一等功三次、二等功一次，被西北野战军记“特等功”，两次获得“战斗英雄”荣誉称号。1955年，张富清已是一名正连职军官，所在部队面临调整，要去地方支援经济建设。多次立功、身体有伤的张富清，响应国家号召选择去偏僻的鄂西山区工作，为贫困山区奉献一生。他刻意隐瞒了自己的功绩，连儿女也不知情。直到一次退役军人信息采集，人们才从一个红色包裹中看到那些尘封已久的报功书和军功章，才知道张富清老人九死一生、为国而战的红色往事……

张富清老人的故事很有传奇色彩，同学们都十分感动。

刘晓云老师动情地说："同学们，为了建立新中国，为了让中国人民过上幸福的好日子，多少人做出了伟大的牺牲和奉献！张富清爷爷60多年深藏功名，一辈子坚守初心、不改本色，事迹感人。在部队，他保家卫国；到地方，他为民造福。他用自己的朴实纯粹、淡泊名利书写了精彩人生，值得我们永远崇敬和学习。"

周子安主动举手。

在刘老师的点头示意下，周子安站起来，说道："我说说一件小事给我的感动吧。有一个周末，快递员叔叔打电话来说我订购的杂志到了，下午会送到我家来。我开心极了，因为那是我最喜欢的一本杂志。可是到了下午，突然下起倾盆大雨来。我心想，雨下得这么突然，快递员叔叔应该不会来了吧？我想到那本我十分期待的杂志，心里非常焦急。我左等右等，杂志还是没有送来。我耐不住性子，便打开家门，跑到楼道口去等。时间一分一秒地过去，雨中出现了一个模糊的身影。快递员叔叔终于来了！只见他披着湿漉漉的雨衣，把杂志小心地护在怀里，鞋子看起来都湿透了……”

周子安讲完这个故事，眼睛湿润了。同学们听得也非常入神。

刘老师感慨地说："这是多么可贵的敬业精神呀！"

李天泽也说了一件令自己非常感动的事情："有一段时间，妈妈身体很不好，一直生病。偏偏这时候我的数学成绩下滑得很厉害，我的心情非常糟糕，经常冲妈妈发脾气。我看得出妈妈心里特别难受，但她并没有责骂我什么，反而不断地安慰我，让我不要气馁，她说她相信我一定能够克服困难。妈妈强撑着生病的身体，每晚都耐心地为我辅导。后来我的数学成绩赶上来了，可是妈妈也累垮了，病情加重，在医院住了一个多星期……"

李天泽说到这儿，忍不住掉下了眼泪。

"可怜天下父母心！爸爸妈妈都在无私地为儿女们操劳着，奉献着。我们应该好好地孝敬他们。"刘老师说完这段话，又转向马铮铮，"铮铮，你也来说说吧。"

马铮铮想了一会儿，说："令我感动的人、感动的事太多太多了。比如，我的爷爷，经常一大早就起来看书，晚上写文章写到很晚，他想着要把习近平爷爷的思想向别人介绍好、宣传好。又比如，我的爸爸，他是一位工程师，最近总是起早贪黑地研究城东那座大桥的修建工作，他希望这座设计超前的大桥尽快建造好。还比如，我们小区里的清洁工阿姨，她们每天都尽心尽力地打扫卫生，见了人都热情地打招呼，每天既给我们营造干净整洁的环境，又为我们送来好心情。再比如，我家楼上的王伯伯，他是急诊科的医生，经常半夜被通知去医院抢救病人，尽管很疲惫，可是每当有病人被他从死神手里抢救回来，他脸上都是欣慰的笑容。”

其他同学也都畅谈了令自己感动的事……

“同学们，大家讲得都特别好。其实，从这些令我们感动的事情中，往往可以看到每个人心中的梦想。张富清爷爷大公无私、淡泊名利，我们可以看到他甘愿平凡、为祖国默默奉献的梦想；快递员叔叔冒雨送杂志，我们可以看到他爱岗敬业、用双手创造幸福的梦想；李天泽的妈妈带病为儿子辅导作业，我们可以看到她望子成龙的梦想；马铮铮的爷爷潜心研究，我们可以看到他希望让更多人更深入了解习近平新时代中国特色社会主义思想的梦想……”刘老师说道。

马铮铮举起手，说道：“老师，我想起习近平爷爷说过，实现中华民族伟大复兴是近代以来中华民族最伟大的梦想。习爷爷说，中国梦是国家的梦、民族的梦，归根到底是人民的梦。”

刘老师微笑着点了点头，说：“是的，我们每一个人都有自己的梦想。同样，我们的国家和民族也有自己的梦想。实现中华民族伟大复兴，不是哪一个人、哪一部分人的梦想，而是全体中国人民共同的追求；中国梦的实现，不是成就哪一个人、哪一部分人，而是造福全体人民。今天，老师看到每个同学都在为自己的梦想而努力，真的是让人感到高兴。老师的梦想，是希望每一位同学都努力学习、追求上进，将来都能实现自己的梦想！”

“我的梦想，也是中国梦的一部分！我相信，中华民族伟大复兴的中国梦一定能够实现！”马铮铮充满信心地对全班同学说。

“中华民族伟大复兴的中国梦一定能够实现！我们都是追梦人！”全班同学齐声说道。